RÉFORME
FINANCIÈRE

OU

De l'impôt PROGRESSIF frappant le REVENU

PAR

Auguste LAGONDET

Il faut enfin que la justice sorte
des mots pour rentrer dans
les choses.

L'AUTEUR.

GRAY
IMPRIMERIE A.-F. PERROT

1888

RÉFORME FINANCIÈRE

OU

De l'Impôt PROGRESSIF frappant le REVENU

PAR

Auguste LAGONDET

> Il faut enfin que la justice sorte
> des mots pour rentrer dans
> les choses.
>
> *L'AUTEUR.*

GRAY
IMPRIMERIE A.-F. PERROT

1888

AVANT-PROPOS

Nous voudrions secouer sur cette importante matière une poignée d'idées qui paraîtront à plusieurs l'expression même de la justice, à d'autres, une revendication audacieuse et révolutionnaire, venant mal à propos troubler une situation matérielle commode et consacrée par les ans.

Nous ne sommes pas de ceux qu'embarrassent les préjugés; nous en avons fait depuis longtemps table rase; nous ne croyons plus que ce soient de grands seigneurs qu'il faille ménager, selon la spirituelle boutade de Voltaire; nous ne croyons pas, nous, aux grands seigneurs, et nous n'avons, en fait de superstition, que celle de la justice, mais nous l'avons jusqu'à l'idolâtrie; et ce n'est pas cette justice spéculative, purement théorique, dont on fait étalage, et qui se perd pour jamais dans la nue; c'est une justice réalisable et énergiquement réalisée.

Nous n'aimons pas non plus les moules où l'on entre tout vifs, et qui vous reçoivent après en avoir reçu d'autres; nous avons horreur de la routine.

Qu'on n'attende donc de nous ni parti pris, ni condescendance superstitieuse, ni faiblesse en face d'abus qui prennent leurs quartiers dans le mauvais vouloir ou l'erreur et dans les années.

Il y a là de quoi faire crier.

Qu'importe, quand le publiciste met une idée en avant, qu'il sort de son cerveau une perspective nouvelle d'équité et d'avenir, qu'importe le croassement de quelques gens mécontents, les cris de fureur stupides des intérêts affolés? Il en est toujours ainsi quand on tranche dans le vif des intérêts matériels. Tout le monde convient bien des réformes nécessaires, tout le monde sent bien que le temps des demi-mesures est passé, que le règne des atermoiements et des palliatifs menteurs aura bientôt vécu; tous souhaitent, au moins de bouche, sinon de cœur, des assises nouvelles pour bien des choses ; ils ont sans cesse sur les lèvres le mot de justice, mais ils voudraient que l'application en fût faite sur leurs voisins à leur profit particulier.

Encore est-ce une bonne fortune, au milieu de cet étiolement et de cet affaissement de l'esprit public, de ce relâchement des caractères et des mœurs civiques, que le journal, la brochure ou le pamphlet, gages d'avenir et de résurrection morale, soient là comme une tribune ouverte, où celui qui a une idée, peut la produire sans peur, et fouetter l'opinion qui s'endort, et s'énerve coupablement.

Qu'on nous permette d'asseoir, en quelques mots très brefs, notre théorie fondamentale sur l'impôt.

Nous essaierons de la dépouiller de toutes les questions accessoires qui l'obscurcissent, pour la présenter toute nue dans son éloquente simplicité.

RÉFORME FINANCIÈRE

Que l'Impôt doit être PROGRESSIF et qu'il doit atteindre le REVENU

La nature de l'impôt découle rigoureusement de la nature même de la société. La société n'est pas autre chose que le groupement des individus dans un but de protection mutuelle, et comme conséquence, mais comme conséquence seulement, d'amélioration sociale.

L'impôt est donc un droit de protection et de garde ; c'est, si l'on veut, une prime d'assurance mutuelle, proportionnelle aux risques courus par la personne et par les biens.

N'en déplaise à tous les frères coupe-choux, Picpus ou autres, ainsi qu'à tous leurs frères plus ou moins enrobés ou dérobés, le principal impôt, bien plus, l'unique impôt est l'impôt du sang; c'est lui seul qui protège effectivement les individus et les biens; c'est lui qui donne à l'impôt pécuniaire sa sanction et sa valeur, qui en rend seul possibles l'établissement, la perception et l'emploi; celui-ci n'est rien sans celui-là, dont il ne sert en principe qu'à faciliter, à améliorer le fonctionnement. Il fut même dans notre histoire un temps facile à fixer, où le guerrier s'entretenait et s'équipait à ses frais. On était alors encore plus rapproché du pacte primitif et simple de toute société naissant et se développant librement.

Pour simplifier notre raisonnement sans lui ôter de sa rigueur, bien au contraire, pour lui donner toute la rigueur dont il est susceptible, supposons que la fortune moyenne de chaque individu qui fait partie de l'agglomération française soit de 20,000 francs, chiffre rond purement hypothétique, pris en dehors de toutes données et de toutes prétentions à l'exactitude.

La supposition une fois admise d'une fortune moyenne de 20,000 fr. pour chaque citoyen, l'impôt du sang, obligatoire et égal pour tous, entretenu également par la même contribution pécuniaire, protège également, d'un citoyen à l'autre, la personne et les biens.

Quelle serait la situation d'un survenant qui se trouverait posséder une fortune de 40,000 fr.? Ce point-ci est le point vif de la question, qu'on veuille bien nous suivre de près.

On ne saurait songer, malgré l'aggravation du risque concernant les biens et même la personne du survenant, qui offre un appât de plus aux mauvaises passions et aux convoitises, on ne saurait songer à aggraver pour lui l'impôt du sang. Il est pratiquement impossible de déterminer la durée du service militaire par le degré de fortune du citoyen, ce serait aussi on ne peut plus dangereux et on ne peut plus funeste à l'égalité, que de créer deux classes sociales dans le même groupe, parce que ce serait déchaîner des jalousies, des haines, et pousser fatalement à l'anéantissement du groupe, qui est la fin même de la société.

Donc, d'une part, ce survenant dont il est question, jouit plus qu'il n'y a droit proportionnellement, de l'impôt du sang acquitté par les autres; d'autre part, on ne saurait admettre l'égalité et l'identité entre l'impôt du sang et l'impôt pécuniaire, qui n'est qu'un impôt absolument accessoire. Ce survenant plus riche ne pourra donc pas s'acquitter envers les autres de ce qu'il leur doit, en payant pour ses biens qui excèdent la moyenne, une contribution proportionnelle à celle que ses concitoyens paient pour les leurs, soit, je suppose, 120 fr. au lieu de 60 fr. Il sera obligé, pour rentrer dans l'égalité, d'imposer extraordinairement, et non proportionnellement, les biens qu'il possède en excès, dans un but d'amélioration sociale, afin de rendre d'une façon ce qu'il prend de l'autre.

Mais alors, si le taux de l'impôt logiquement n'est plus le même, l'impôt nouveau est véritablement *progressif*.

L'impôt progressif soit donc naturellement de la condition sociale elle-même.

* *
*

Au lieu de donner pour base à l'impôt progressif une argumentation serrée, scientifiquement sèche, nous aurions pu nous emparer tout bonnement de l'axiome démocratique et humanitaire, qui séduit par son élévation et par la simplicité de sa formule, et donner pour assiette à l'impôt *l'égalité de sacrifice*.

C'est d'une conception absolument claire, et frappante au point d'être irréfutable.

Ne saute-t-il pas aux yeux qu'en demandant au citoyen qui se trouve à la tête de 50,000 francs, le dixième de ce revenu, soit 10,000 francs, on le privera moins, relativement, qu'en demandant 1 franc à celui dont le revenu est de 10 francs ? A celui-là, on enlève peut-être à peine un cheval de sang ou deux ; peut-être ne fait-on que réduire un peu le budget d'une maîtresse de prix ; à celui-ci on supprime, pour lui et sa famille, un jour de pain.

En ne nous appuyant que sur un raisonnement absolument rigoureux, sans la moindre teinture de philanthropie, nous avons voulu lever et prévenir toute objection, et montrer qu'ici, comme ailleurs, le cœur et la raison sont d'accord pour le bien.

Je ne regarde pas, en effet, comme une objection valable celle qui consiste à dire qu'en frappant le riche d'un impôt plus fort, pour dégrever relativement le pauvre, on frappe le travail et l'épargne au profit possible de la fainéantise, de la débauche et de l'imprévoyance; ce serait faire de la pauvreté un crime, de la richesse une vertu, et dire qu'il n'y a point d'honorable pauvreté, ni de richesse coupable. Qui l'oserait bien ?

Nous n'insistons pas, et nous retenons la chose comme suffisamment prouvée. Que l'impôt progressif soit dû à l'égalité pour tous du sacrifice social, ou a un dédommagement dû par celui qui a, à celui qui n'a pas, parce que l'un reçoit de l'autre, comme impôt du sang, une part à laquelle il n'a pas droit, qu'importe ?

Les deux faces du problème en confirment la solution; nous avons fait, du reste, la preuve de l'opération, et le principe de l'impôt progressif pour tous les gens de bonne foi désintéressée, restera bien et dûment établi.

* *
*

L'impôt une fois déterminé, quant à son principe, à quoi s'appliquera-t-il ? Au capital? au revenu ?

Je ne sais quel économiste anglais rapporte qu'il y a dans certaines forêts du Canada des fraises à charger des navires. Ces fruits, mis dans nos villes à la portée du consommateur, auraient une valeur, seraient susceptibles d'un revenu énorme.

Telles quelles, et pourrissant sur place, elles n'ont aucune valeur échangeable, aucune puissance d'acquisition, puisqu'elles ne peuvent, en l'état, être mises à la portée du consommateur; il n'y a pas là capital effectif et actif; il n'y a qu'un capital latent, virtuel, si l'on veut, avec un revenu aussi latent et seulement virtuellement imposable.

Une parure de diamants, qui vaudrait un million, est un capital doué d'une puissance d'acquisition égale à sa valeur effective, et, néanmoins, ce n'est pas un capital imposable, parce qu'il ne donne pas de revenu.

Elle acquitte, d'ailleurs, un impôt très lourd, puisque celui qui possède cette parure, perd l'intérêt du capital englouti dans cet objet de luxe, soit 40 à 50 mille francs. Je ne parle pas, cela sortant de notre cadre, de l'impôt que cette parure aurait pu acquitter comme matière première imposable, ou comme objet de luxe.

Il faut donc, pour qu'il y ait capital imposable, que ce capital soit en mouvement, qu'il soit produit sur le marché économique, autrement dit, qu'il donne un revenu.

Le revenu est la seule marque, caractéristique et extérieure, de la valeur du capital ; lui seul sert à le déterminer; et, comme, du reste, imposer le revenu est, en réalité, atteindre le capital, puisque le revenu, conservé par l'épargne, irait accroître d'autant le capital national, c'est, pour cette double raison, le *revenu,* que nous atteindrons par l'impôt, ou ce qui revient au même, le capital produit au dehors, mesuré par son revenu.

—

Objection au système anglais et moyen d'asseoîr le nôtre.

—

Nous rencontrons ici un système d'impôt progressif fameux et déjà fonctionnant, c'est celui de Bentham, adopté en principe par M. Gladstone dans son renouvellement de l'impôt sur le revenu.

Il regarde comme franc d'impôt un revenu minimum de 60 livres sterling, soit 1,500 francs de notre monnaie, supposé nécessaire pour vivre en Angleterre dans des conditions moyennes, et il impose proportionnellement ce qu'il estime le superflu.

Après celui d'être une application détournée de l'impôt progressif frappant le revenu, le gros et, à notre avis, irrémédiable reproche qu'on puisse adresser à ce système, est de ne pas reposer sur une base immuable, qui ne laisse aucune place à l'arbitraire. Pourquoi 1,500 francs, et pas un autre chiffre, ou moindre ou plus élevé ?

C'est de l'empirisme et du plus pur.

Ce n'est pas tout encore. L'Angleterre, à aucun point de vue, ne peut être assimilée avec la France. Dans ce premier pays, la richesse est la base enviée, et recherchée presque exclusivement, de la puissance et de la considération personnelle;

il y a deux couches sociales bien tranchées ; en bas l'extrême misère, en haut l'excessive opulence. On n'a encore, dans ce pays, dont on vante trop le libéralisme de convention parce qu'on le confond à tort, dans le moderne jargon, avec le parlementarisme, qui peut être un masque et un mensonge, comme sous le gouvernement de Juillet, où il ne servait guère qu'à tromper l'appétit et la soif de liberté ; on n'a encore, en Angleterre, ni la liberté philosophique de penser, qui est, qu on nous passe l'expression, la dynamite redoutée de tous les abus ; on n'y a pasencore, et on n'y aura de longtemps, le suffrage universel, qui fait au moins, sans parler du point de vue rationnel que nous négligeons à dessein, un niveau tel quel, où viennent se ranger les plus hauts à côté des plus humbles.

Il y a en Angleterre la double et fausse situation, bien qu'acceptée, de parias et d'hommes libres ; il y a même les écoles irrévérencieusement appelées *écoles pour les déguenillés* (ragged schools).

On ne pourrait, par bonheur, en France, mettre légalement la cocarde de l'indigence à la plus grande partie de la nation. Que chaque citoyen, hors le cas d'absolu nécessité, acquitte un impôt, quelque modique qu'il puisse être ; qu'il sente, et fasse sentir aux autres, qu'il est membre intégrant, et non effacé, du groupe social dont il se réclame, et pour la défense duquel il acquitte le grave et suprême impôt du sang ; son rôle social se grandit à ses propres yeux ; il apprend la science, difficile en certains cas et en certaines situations, du respect de soi-même.

On ne donnera jamais au citoyen une trop haute idée de la dignité humaine. Epargnez au plus pauvre, quand vous le pourrez, la triste humiliation de l'aumône.

Et voilà pourquoi le système anglais de l'impôt, acceptable peut-être, bien qu'antirationnel, pour l'aristocratique Angleterre, ne saurait espérer jamais, fût-il aussi scientifique qu'il l'est peu, de vivre un seul jour même en France, le pays, quoi qu'on dise et quoi qu'on fasse, du bon sens et de l'égalité civique.

* *
*

Le système anglais rejeté comme reposant sur une base absolument arbitraire, sans nul fondement rigoureux et technique, sur quoi bâtirons-nous notre impôt progressif ?

Où commencera-t-il ?

Au delà du revenu moyen, parce que c'est là que le revenu sort de la moyenne des risques et de la moyenne de protection.

C'est donc, en peu de mots, une base, croyons-nous, scientifique et irréfutable.

L'équité veut, il nous semble, comme la logique et le bon sens, qu'on établisse plusieurs degrés dans l'impôt progressif, afin qu'atteignant tout, on n'atteigne chaque chose que comme elle doit l'être. C'est du reste d'une héroïque simplicité.

La moyenne des revenus imposés une première fois progressivement marquerait le second degré de l'impôt progressif et ainsi de suite de moyenne en moyenne, aussi loin qu'il y aurait lieu.

On élèverait cet impôt assez pour lui donner un caractère nettement progressif, et pas assez pour décourager même la grosse épargne.

En résumé, la gravité comparative de l'impôt du sang est la raison d'être de l'impôt progressif, frappant le revenu ou le capital produit au dehors, mesuré par le revenu.

Cet impôt, doublement caractérisé, se déduit rigoureusement et mathématiquement, pour s'étager de moyenne en moyenne, jusqu'aux dernières limites de la chose imposable.

Des aspects divers du capital et du revenu

—

Le pacte social, avons-nous dit au début de cette étude en recherchant la nature et le fondement de l'impôt, est un véritable contrat d'assurance mutuelle ; c'est la mise en commun de tous les efforts et de toutes les forces pour arriver, par leur groupement harmonique, résultat d'une sélection naturelle, à ce que nous appellerons la richesse, ou le capital humanitaire et social.

On le voit, nous répudions radicalement la nomenclature préconisée par Stuart Mill.

Cet économiste ne reconnaît comme travail productif que celui qui se traduit par la confection d'un objet matériel, et par richesse, que celle qui se présente à nos yeux sous les trois dimensions de l'étendue ; c'est une nomenclature étroite et fausse, qui exclut du travail productif la quintessence du travail humain, c'est à savoir celui du savant et de l'artiste, alors qu'elle reconnaît cette dénomination aux œuvres matérielles les plus basses et les plus grossièrement utiles.

Pour nous, et c'est, nous semble-t-il, d'une scrupuleuse exactitude, tout le travail qui se fait dans la ruche humaine, est un enchaînement et un échange sans fin d'utilités produites et de services rendus.

L'obscur ouvrier qui s'enferme et s'emprisonne dans les entrailles de la terre pour en faire sortir le minerai de fer et la houille qui servira à le traiter ; celui qui, dans l'usine active et bruyante, coule la fonte et forge le fer dont un autre fera le bijou d'acier qu'on appelle machine ; tous ces travailleurs, comme le savant qui a fait sortir de son cerveau puissant cette merveille de mécanique, ont, en faisant l'effort dont ils sont capables, chacun dans sa sphère spéciale, produit une utilité, une portion du capital général, et coopèrent indirectement à tous les produits qui sortiront de la machine que leurs mains ou leur intelligence, séparément ou conjointement, ont édifiée.

Donc, le terrassier dont toute la valeur réside dans la force et la puissance de ses muscles, pour prendre le travail le plus élémentaire ; le laboureur, qui nous donne les matières premières de l'alimentation et de la vie ; le médecin, dont l'art conserve un père à sa famille, un travailleur à la société ; le juge, qui rétablit, selon le droit et la conscience, la paix troublée parmi les hommes ; le soldat, qui abrite son pays contre les entreprises de l'envahisseur rapace, et protège l'honneur, efflorescence sublime du capital social ; le maître, dans son acception la plus générale, qui éclaire les hommes, les rend aptes aux choses de l'intelligence, ou leur enseigne l'habileté professionnelle ; le moraliste, qui les guide dans le chemin du beau et du bien, c'est-à-dire du devoir ; le poète, qui chante les joies et les douleurs humaines, pour exalter les unes et consoler des autres ; l'acteur lui-même, qui repose des travaux pénibles et prépare l'esprit et le corps lassés à de nouveaux et énergiques efforts ; toutes ces individualités, ou plus humbles ou plus brillantes, détiennent et produisent une portion du capital humain groupé socialement.

Il n'est pas jusqu'au sage qui ne soit un producteur à sa façon, par le stoïcisme dont il fait preuve dans les batailles de la vie, enseignant aux hommes à être forts dans la bonne plus encore que dans la mauvaise fortune ; son influence bienfaisante et salutaire est la portion la plus précieuse de la richesse humaine, bien que, par son excellence même, elle échappe à toute évaluation, à toute mesure monétaire ou économique.

Pour reprendre notre argumentation et la ramasser en un mot, toute qualité susceptible d'être utile socialement est un capital, dans l'acception la plus large ; on en peut faire sortir le revenu, qui est, comme nous l'avons établi, la matière imposable.

—

De quelques éliminations : la solde du militaire, les œuvres de l'intelligence et le salaire de celui qui travaille pour vivre, c'est-à-dire de l'ouvrier non-patron.

—

L'impôt, on le conçoit, doit, en fin de compte, frapper l'individu protégé, et non la société protectrice, et il y a lieu à procéder à quelques éliminations.

On ne saurait songer à imposer le soldat, qui fait œuvre cependant éminemment utile, en défendant son pays, puisqu'il acquitte lui-même l'impôt fondamental, l'impôt lourd au point d'être presque le seul impôt, celui du sang, et que, d'autre part, on ne saurait mettre un impôt sur l'impôt.

Nous comprendrions très bien qu'on frappât le soldat mercenaire, qui fait de la profession des armes un métier lucratif, une source de revenus, et bat monnaie avec son épée ; nous ne comprendrions pas qu'on atteignît le soldat citoyen, même quand il prolonge volontairement, comme carrière, ce qui était primitivement un impôt obligatoire. L'image de la mort qu'il brave, et qui plane sur sa vie entière, lui fait, dans la société, une situation à part et toute privilégiée, au nom de la plus simple justice.

Il sera toujours plus facile de fouiller dans son coffre-fort, fût-ce avec angoisse, que d'aller se faire ouvrir le ventre ou sauter la tête sous la baïonnette et le canon.

Pour des raisons analogues, quoique non identiques, nous nous garderions bien d'imposer tout ce qui, de près ou de loin, touche à la pensée humaine. L'écrivain et l'artiste qui consument leur vie à interroger leur cœur, et à tremper leur intelligence pour l'avantage supérieur de leurs frères dans la société ; tous ceux dont l'effort révèle, dans une certaine mesure, ce qui est vrai, ce qui est beau, ce qui est bien ; tous ceux qui appellent les autres vers les régions plus élevées et plus dégagées des intérêts purement matériels, où l'homme, disons-le sans crainte, même ici, ne stérilise que trop les parties les meilleures de son être, ces dons suprêmes de l'âme qui en font la noblesse ; tous ceux qui enseignent aux hommes à grandir et à fortifier leur intelligence contre l'absurde et le mensonge, qui leur aident à soulever un peu de cette vaste et épaisse couche d'erreurs et de préjugés sous lesquels ils sont écrasés et défigurés ; tous ceux qui, des profondeurs de leur âme, disent aux autres, qu'ils entraînent à leur suite : Voilà le droit, voilà le juste; ne vous courbez pas dans le malheur, ne tremblez pas devant les tyrans et les forts : on ne renverse jamais ceux qui veulent rester debout; tous ceux qui produisent au dehors un peu de l'âme humaine, doivent être épargnés par la société, au nom de sa propre élévation et de son propre salut.

N'imposez pas la lumière, n'imposez pas les sublimes manifestations de cette seconde et supérieure nature; la plume est un instrument sacré auquel on ne doit pas toucher, même dans ses errements les plus regrettables.

Si vous empêchez que le jour se fasse, si vous mettez des obstacles à ce que l'âme parle, vous ravalez les hommes dans l'ombre d'où ils ont tant de peine à sortir, vous les retenez ou les faites retomber dans les bas-fonds humains, où ils n'ont que trop de tendance à croupir, quand rien ne vient les soulever et les enlever vers les régions pures.

N'imposez pas, n'imposez pas les œuvres de l'intelligence.

∴

Quel sera le cas de l'ouvrier d'après le système dont nous avons posé les bases, et d'où nous prétendons déduire des conséquences rationnelles ?

L'ouvrier proprement dit, et par ce terme nous entendons l'homme qui travaille pour vivre chez un patron, un maître, a une importance considérable.

C'est, à vrai dire, le muscle social, et, sans parler des considérations morales ou humanitaires qui militent en sa faveur, qu'il exerce des facultés purement physiques et matérielles, comme dans le cas du travail grossier, ou qu'il exerce des facultés mitoyennes entre les fonctions organiques et les fonctions pures de l'intelligence, il a droit à toutes les sympathies économiques, et nous ne voulons pas d'impôt sur son salaire.

Imposez les salaires; aussitôt la famille ouvrière obéit à la loi malthusienne du mouvement de la population. Si l'ouvrier, arrivé à un certain niveau moral et économique, ne veut pas déchoir du degré où il a su se placer; s'il veut conserver intégralement, pour lui et pour les siens, avec toutes ses conséquences d'ordre supérieur, le bien-être matériel qu'il a péniblement conquis; s'il veut rester après ce qu'il était avant, il limite le développement de sa famille. La suite immédiate d'un pareil état de choses est la cherté du travail, produite par sa rareté, selon la loi de l'offre et de la demande; le haussement des salaires devenu fatal, il en résulte aussitôt l'aggravation du coût de production, et, comme conséquence seconde, du prix de vente définitif. L'impôt retombe sur le consommateur qui, à la longue, phénomène nouveau, voyant ses ressources entamées, diminuées, consomme moins, achète moins.

Tout le monde souffre pendant une période indéterminée.

Si, autre hypothèse, l'ouvrier au lieu de réagir par simple et ordinaire prudence, accepte les yeux fermés la situation déchue qui lui est faite, l'affaissement des salaires, joint au chiffre de sa famille resté le même, entraîne la déchéance de l'ouvrier, qui fait un pas de plus vers la misère.

La pente est glissante et c'est fait de lui pour longtemps, si un progrès social nouveau ne vient l'arracher à une situation plus que précaire et misérable. La société se trouve retardée dans sa marche et éloignée de sa fin, qui est la réalisation, aussi complète que possible, du bien-être sous tous ses aspects en faveur du plus grand nombre, c'est-à-dire des travailleurs.

Ajoutons pour mettre complètement la vérité dans son jour, que tout état économique n'est jamais que transitoire, et qu'on ne saurait, dès lors, lui attribuer une permanence qu'il n'a pas et ne saurait jamais avoir. Même dans notre seconde hypothèse, qui est celle de l'ouvrier retombant vers la misère, ce malaise nouveau n'a qu'un temps. Travail moins cher signifie produit à meilleur marché, consommation plus abondante, et, comme corollaire, grâce toujours à la loi de l'offre et de la demande, hausse des salaires inévitable, c'est-à-dire perspective d'amélioration pour les travailleurs, dont la situation reprend son ancien équilibre.

L'ouvrier peut donc toujours appeler de la misère, mais en passant par des souffrances cruelles, bien que transitoires, et le rôle du législateur est assurément d'atténuer les crises, de rendre facile le passage d'un état économique à un autre; mais, son premier et impératif devoir à l'égard de l'ouvrier est de ne pas gêner, par l'impôt sur un revenu au fond tout d'alimentation, le jeu régulier et la succession de ses divers états économiques.

* *
*

L'intérêt bien entendu dit à ceux qui tiennent nos destinées dans leurs mains, et les règlent à leur guise, un peu à la nôtre pourtant: N'imposez pas l'ouvrier; c'est une question de haute nécessité économique; elle pourrait ajouter c'est aussi une haute question de dignité humaine.

Même dans l'état du contrat librement débattu, où l'homme libre donne son travail au patron, qui lui donne son argent, tous deux pouvant rompre le contrat dans les restrictions légales reconnues nécessaires ; même dans l'état actuel et affranchi de l'ouvrier, il y a infériorité à porter son travail chez un autre au lieu de l'exercer comme patron, ou individuellement pour son propre compte. Il faut, autant que possible, arriver à cette égalité vers laquelle déjà nous avons fait un pas de géant, et qui doit, chaque jour davantage, cesser d'être un mot vide et sonore, gonflant une formule creuse, pour entrer enfin dans le domaine des faits et des réalités acquises. C'est une grande question d'avenir et de dignité, dont l'ouvrier chez nous, et j'entends l'ouvrier qui travaille et économise dans la mesure du possible ou de l'impossible, se montre de plus en plus digne.

On ne saurait lui faire, sans injure flagrante, le reproche d'être assimilable au serf abruti de Russie, que défigurent encore tous les vices de l'esclavage ; au paysan chinois de certaines contrées de l'Empire céleste, qui consomme, avec imprévoyance et gaspille, le riz des années d'abondance pour devenir, l'année d'après, la proie de la famine et de la disette ; à plus forte raison, ne pourrait-on le rapprocher de ces malheureux Indiens de l'Amérique du Sud, à qui les premiers colons enseignaient l'art du labourage, et qui, laissés à eux-mêmes, égorgeaient et dépeçaient les bœufs de leur attelage, pour les consommer sur place et immédiatement.

Toutes ces individualités, types encore inférieurs de l'espèce humaine, sont incapables de relier par un raisonnement, qui demande déjà une certaine vigueur à l'intelligence, les besoins de l'avenir aux jouissances présentes, et d'assurer, par des privations actuelles, leur avenir et leur indépendance dans la vieillesse ou la maladie.

Rien ne trompe l'être moral, rien ne donne l'essor et l'élan à l'intelligence comme de se sentir indépendant et responsable dans une entreprise qu'on a librement conçue, et dont on poursuit librement la réalisation ; rien ne grandit plus l'homme que de se sentir l'artisan de sa propre destinée et le dépositaire du bonheur comme du bien-être matériel et moral de sa famille. Le jour où le respect de soi-même individuellement, et le respect de soi-même dans les siens, aura fait assez de progrès pour que se réalise la parole d'un homme de bien qui fut un savant de génie, ce jour-là l'humanité aura fait un grand pas.

Franklin, de philanthropique et stoïque mémoire, a dit un mot que nous avons lu la première fois avec un frisson : « Je ne comprends pas, a dit ce savant modeste, qu'un homme né libre n'ose point regarder un autre homme en face ». Citons jusqu'au bout, car il ajoute mélancoliquement : « Je sais bien qu'il est difficile à un sac vide de se tenir debout ».

Faire qu'il n'y ait plus de sacs vides, ou du moins en réduire le nombre jusqu'aux limites du possible, afin qu'il n'y ait plus que des hommes libres, me paraît devoir être la principale préoccupation, le souci capital d'un gouvernement démocratique et républicain. Or, rien n'est mieux fait pour arriver à ce but que l'indépendance du travail et de l'atelier.

Ne mettez donc pas de bornes aux maigres économies de l'homme qui travaille ; ne resserrez pas le milieu où se meut son activité, en entamant par l'impôt le minimum de son capital nécessaire.

Et c'est ainsi, qu'au nom de la raison sociale, sortent indemnes de notre système, le soldat, le savant ou l'artiste et l'ouvrier.

—

Une élimination conditionnelle

—

Du fonctionnaire

La situation du fonctionnaire a en soi quelque chose de celle du soldat ; le fonctionnaire est institué par la société, pour un besoin public, à un poste de travail. Ne pourrait-on pas dire que la société, en retour de ses services, lui mesure des moyens d'existence calculés de façon à ne subir aucune atteinte du fait de l'impôt ? C'est une raison assurément et qui n'est pas sans valeur ; mais l'objection est plausible aussi.

Il y a fonctionnaire et fonctionnaire ; tel travaille pour son strict nécessaire, tel autre trouve dans l'abondance de ses moyens d'existence, la possibilité d'une vie élégante et large, même après les prélèvements de la prévoyance qui assurent l'avenir. Il faudrait donc distinguer et établir des catégories, assimilant aussi, pour être juste, fonctionnaires et employés de tous genres. Nous ferions donc, du modeste attaché du rond de cuir au gras sinécuriste, une moyenne de tous les traitements, gros et petits ; cette moyenne serait franche d'impôts, parce qu'elle représenterait le revenu de ceux qui travaillent pour vivre, comme l'ouvrier; le surplus serait atteint, et progressivement, si le chiffre y donnait lieu.

Nous venons de raisonner dans l'hypothèse d'une situation normale pour le fonctionnaire, alors que sa situation, au point de vue de la retraite, est tout à fait désavantageuse et le grève d'un lourd et, disons-le sans peur, d'un inique impôt. Cet impôt est un lègs de la monarchie, et la République, qui est le gouvernement par excellence de la justice et du droit, le fera bien vite disparaître, nous en sommes sûrs, dès qu'elle y verra jour.

Si les retenues faites au profit du Trésor sur le traitement des fonctionnaires devaient alimenter, pour le bien de ces derniers, au nom de la tutelle gouvernementale, et même de l'économie forcée, une vaste assurance de survie, nous n'aurions rien à dire; mais le fonctionnaire qu'on révoque, ou qui se trouve arrêté par la maladie avant l'extrême limite des services exigés par la loi, — peut se trouver sans ressources propres. Avec un capital versé par lui, et sa propriété, il est obligé de demander une aumône sous forme de je ne sais quels secours précaires et humiliants, quand de son fonds même, et souvent avec peine, il a constitué une rente à l'Etat.

Ne vous semble-t-il pas qu'il y a spoliation à l'endroit du fonctionnaire, et que l'Etat sans le vouloir assurément, au moins maintenant qu'il est honnête parce qu'il est républicain, fait peser sur lui le plus lourd et le plus révoltant des impôts, qui est l'impôt sur la maladie, sur l'infortune et quelque fois sur la misère?

M'est avis donc qu'il n'y a pas lieu, quant à présent, d'imposer le fonctionnaire soumis à la retenue. Qu'on le fasse auparavant rentrer dans le droit commun par une œuvre de justice, et qu'on le frappe ensuite équitablement dans les limites et dans les règles que nous avons posées plus haut, ce ne sera que justice, et nous applaudirons : un poids une mesure. Cette réforme, qui n'aurait rien de retentissant, serait pourtant assez belle pour tenter le gouvernement de la République le jour prochain où nos finances ayant retrouvé leur prospérité et leur élasticité, il pourra faire, par la loi sur les pensions civiles qui s'est endormie avec Gambetta, une nouvelle application de la justice distributive.

—

Des diverses catégories de revenus.

Nous avons jusqu'ici, après avoir posé le principe, procédé par éliminations successives et nécessaires, en écartant, pour les rendre indemnes, le soldat, qu'il acquitte obligatoirement l'impôt du sang, ou qu'il fasse des armes la carrière de son choix; l'ouvrier qui travaille pour vivre chez un autre; nous avons aussi ajourné conditionnellement en tant que sujet imposable, et par équité, le fonctionnaire soumis à une retenue qui n'est pas équitable.

Nous avons ainsi dégagé les abords de la question, et nous l'avons circonscrite avec soin; il nous reste à emporter le gros de l'ouvrage.

Nous nous trouvons d'abord en face de deux grandes classes de revenus : les revenus qu'on peut appeler *fermes*, et les revenus *aléatoires* à des titres divers.

Cette nomenclature, qui est la nôtre, nous paraît être la bonne. L'ouvrier qui se charge d'entreprises, ou attend la besogne dans son atelier; le médecin dont la clientèle dépend du milieu, de son habileté, qui lui fait ou lui refuse la réputation, et souvent aussi d'un caprice de la mode; le notaire dont l'étude s'emplit ou reste vide, selon le mouvement des affaires, aujourd'hui accéléré et demain ralenti ou arrêté; le commerçant, que ses spéculations remplies de tant d'éléments d'incertitude, mènent à des fins si diverses et si dissemblables ; le capitaliste qui, dans l'espoir d'un gain extraordinaire et simplement probable, risque son argent dans des entreprises lointaines et périlleuses ; le rentier, quelle que soit son importance, qui choisit comme placement les fonds d'Etat, et ne court de danger que du fait d'une banqueroute nationale, catastrophe que rendent impossible , non-seulement les procédés financiers perfectionnés de notre temps, mais encore la solidarité des intérêts dans un pays démocratique comme le nôtre, où le plus petit, comme le plus grand, est souvent lié directement au destin de la fortune publique ; tous ces détenteurs , quels qu'ils soient, de la richesse nationale, ont des revenus dont pas un ne ressemble exactement à l'autre comme certitude et solidité d'assiette, et que l'impôt, pour être juste, ne peut frapper qu'avec une intensité qui s'accroît ou se modère avec l'intensité du risque encouru, autant du moins qu'on peut le déterminer par approximation assez rapprochée.

On ne saurait non plus, pour prendre des cas frappants, assimiler le traitement du fonctionnaire, exposé pour des causes diverses : maladies, révocation ou suppression d'emploi, à s'en voir privé pour toujours, pas plus que la rente viagère qui s'éteint à jour fixe, avec la rente reposée et sûre du créancier d'Etat.

Ne faut-il pas, conséquence rationnelle du caractère temporaire et fragile du revenu qui prend fin à date fixe, à la suite d'une convention organique, ou du fait d'une volonté étrangère, ne faut-il pas économiser sur ce revenu chaque année une certaine somme destinée à refaire pour l'avenir ce revenu menacé et qui doit périr ? Et cette somme économisée, cette épargne, prudente et sage comme toute épargne, après avoir acquitté l'impôt une première fois, devra-t-elle l'acquitter à nouveau et intégralement ?

Ne serait-il pas absolument contraire à l'équité d'identifier pour l'impôt deux choses absolument inassimilables, et de frapper également deux choses de valeur clairement inégale ?

Aussi rangeons-nous parmi les revenus *aléatoires*, pour prendre des exemples, celui du fonctionnaire, qui n'est pas sûr du lendemain; celui du médecin, qui n'est pas sûr de sa clientèle ; celui du notaireet de l'avoué, qui ne sont pas sûrs des affaires; celui du commerçant, qui est soumis à toutes les fluctuations et à toutes les surprises de l'imprévu; celui de l'ouvrier, patron ou entrepreneur, qui n'est pas sûr des commandes, et d'une manière générale, nous comprendrons sous la dénomination de revenu *aléatoire*, tout revenu dont on ne pourra pas d'avance fixer le chiffre exact, et établir la sûreté positive.

Parmi les revenus *fermes* se classent d'eux-mêmes : les prêts d'argent sur hypothèque; les prêts d'argent ordinaires, où le créancier, à ses risques et périls, est censé s'être entouré des précautions reconnues nécessaires, et n'avoir prêté qu'à bon escient ; les actions ou obligations sur les chemins de fer français, les autres ne rentrant pas dans le cadre de cette étude, et notre point de vue étant exclusivement national ; ajoutons toutes valeurs cotées en Bourse, et qui, par cette faveur, reçoivent en quelque sorte l'estampille de la confiance publique; tous les fonds d'Etat français, qui présentent pour le citoyen créancier la garantie suprême, puisqu'à leur destin est uni étroitement le sort même de la patrie française.

Nous avons défini les diverses catégories de revenus et mesuré pour ainsi dire, d'une manière générale, leur valeur imposable. Il nous reste à entrer dans les détails nécessaires pour l'application de l'impôt. Il faut voir quelles choses sont à conserver dans l'état de choses actuel, et quelles à rejeter, en rapportant invariablement chaque catégorie de revenus à notre principe, comme à une mesure immuable, parce que nous en avons fait la clef de voûte en même temps que la base solide du système.

Nous en pèserons ensuite les conséquences inévitables.

Comment atteindre le commerçant et l'industriel ?

Comment atteindre le commerçant ou l'industriel? car ces deux mots, à notre point de vue, pour nous, s'équivalent absolument.

Etant donnée son importance sociale, le commerçant a droit à toutes les sympathies, à tous les égards, et nous lui donnons les nôtres amplement.

Plusieurs méthodes sont en présence, et, d'avance, nous relevons en elles de graves inconvénients.

Faut-il se contenter de la déclaration pure et simple du commerçant ?

Si la morale publique était telle qu'elle pût nous inspirer confiance entière, malgré les exceptions inévitables qui s'introduisent toutes les fois qu'il est question de l'homme, il faut bien en convenir, très limité en perfection ; si tout citoyen exerçant une industrie, par cela même qu'il jouit d'un certain revenu, en donnait au fisc la mesure exacte, sans l'amplifier, ni l'amoindrir ; s'il regardait comme un devoir strict de probité publique une déclaration franche, loyale et sincère ; si son revenu, en un mot, sortait sans déguisement du fond de sa maison et des obscurités qui le cachent, pour entrer de plain-pied dans les livres du Trésor, nous applaudirions des deux mains et du cœur à un système que force nous est de reléguer dans l'âge d'or très improbable de la morale et du progrès.

Avec un tel système, on se heurterait à l'avarice sordide, ingénieuse à tromper par ses privations de tout genre, et qui arrive, bien mieux que le stoïcisme le plus admiré et le plus éprouvé, à supprimer ses besoins, à dompter ses appétits, à faire taire la voix du cœur quand elle devient tyrannique. On se briserait souvent à sa fureur inextinguible du sacrifice, qui voudrait donner au dieu métal les proportions monstrueuses que rêve la folie.

Pour entamer, à plus forte raison pour ne rien dépenser, et échapper au fisc, que ne feindra pas l'avare ?

Il est vrai que l'avarice a son contrepoids mais toujours loin de la vérité, dans la vanité humaine. Pour éblouir, et paraître au moins, s'ils ne peuvent être, combien n'enfleraient-ils pas, ou plutôt n'imagineraient-ils pas, au risque de payer l'impôt le plus lourd et le plus écrasant, un revenu menteur et purement hypothétique? Combien qui, pour maintenir un état pénible d'affaires insoutenables, et tromper le public, en même temps que les créanciers intéressés à connaître leur état réel, combien ne seraient-ils pas tentés d'asseoir leur bonne renommée sur la base d'un revenu hyperbolique ?

On pourra vérifier les livres, dira-t-on. C'est vrai, mais il y a à cela, en même temps que des avantages, des inconvénients et des impossibilités.

En vérifiant des livres d'une tenue parfaite et régulière, on donnerait à chacun sa taille exacte et sa valeur imposable. On réduirait à néant ces vanités et ces bouffissures malsaines qui placent la valeur de l'homme dans un décor inutile, coupable ou ruineux; on mettrait à nu bien des gangrènes, bien des affaires véreuses, et plus d'un qui soutient par des moyens obliques et condamnés, un état précaire penchant chaque jour davantage vers la catastrophe finale, d'autant plus grave qu'elle est plus reculée, plus d'un se verrait arrêté dans ses agissements coupables.

Voilà des avantages. Mais les inconvénients ?

Si l'on empêche, en les divulguant, la prolongation d'affaires mauvaises, dont le destin parfois est de devenir véreuses, ne porte-t-on pas aussi, par une intervention intempestive, un coup mortel à certains états d'affaires très intéressants ? Il y a des commerçants, il y a des industriels très laborieux, très intelligents et très probes qui peuvent se trouver malmenés et maltraités par une crise dont ils ne sont pas responsables, qui peuvent s'être trompés dans des spéculations, et qui, fléchissants aujourd'hui, se relèveront avec élasticité demain, en raison de leurs qualités, si vous ne les frappez pas en tuant leur crédit.

Sera-t-il bien facile, en outre, d'exercer le contrôle par les livres où ils n'existent qu'à l'état rudimentaire, si tant est qu'ils existent, et c'est le cas le plus fréquent pour l'ouvrier, patron ou entrepreneur, des villes ou des campagnes? Le commerçant, petit ou grand, d'ailleurs, ne pourra-t-il pas grossir, dans un but inavoué de fraude sur le fisc, ses frais généraux, et amonceler des dépenses imaginaires, de famille ou de maladie, etc., etc.? En reviendrez-vous aux lois somptuaires? Voulez-vous poursuivre la fraude par tous les moyens dont la loi peut armer les fonctionnaires et ses représentants, et la traquer jusque dans ses dernières ramifications, ses veines les plus déliées et les plus subtiles ? Mais alors l'autorité administrative comblera la mesure d'une tyrannie odieuse, et se rendra bientôt absolument insupportable et impossible.

Et voilà pourquoi, partisan d'un principe rigoureux, nous reculons momentanément devant des impossibilités inéluctables ; nous avons devant nous un état moral public encore inférieur, et avec lequel il faut bien compter. Tromper le Trésor, ce serait faire encore acte de commerce, et gagner tant pour cent.

Nous le regrettons pour la justice, dont nous demanderons toujours avec entêtement l'application la plus large et la plus complète. Nous n'admettons pas de prescription contre le droit. Nous croyons, tant pis s'il y a de notre part erreur généreuse, que c'est là, nous ne dirons pas le meilleur, car le terme serait faux et autoriserait de dangereuses doctrines, mais l'unique topique capable de guérir, sinon de prévenir, les plaies sociales.

Sommes-nous donc acculés sans merci dans une impasse sans issue, et ne pouvons-nous trouver la clef de ce cul-de-sac économique ?

Nous ne le pensons pas.

—

Que l'impôt sur le revenu et l'impôt progressif sont déjà partiellement dans nos lois et dans nos mœurs.

Impôt sur le revenu et impôt progressif, voilà de bien gros mots, et qui sentent leur hérésie économique, ils ont dû faire bondir bien des intérêts, qui ne se doutent pas, peut-être, que tous les jours ils sont frappés de cet impôt, lequel, par une violence de bon sens, a pris position définitive dans notre vieil édifice social, dont plus d'un pan est à refaire.

Ayons le courage de le dire, et sans peur sondons la plaie. Nos lois sont, dans leur ensemble, une sorte de rapiécetage où les principes les plus divers, stupéfiés de se trouver rapprochés, hurlent dans d'étranges applications ; c'est un raccommodage au jour le jour ; on bouche un trou aujourd'hui pour en boucher un autre demain, quitte à en ouvrir d'autres du même coup ailleurs ; espèce de mosaïque fantastique, faite de morceaux bizarrement accoutrés, qui sentent dans leur principe l'unité et la poussée révolutionnaire, mais sur lesquels sont venues se greffer un peu au hasard des besoins, des circonstances et des inspirations du moment, d'autres lois qui détonnent, et défigurent, par des tons criards et discordants, un ensemble primitivement imposant. En un mot, elles ne répondent pas, dans leur généralité, à l'unité de vue où s'élabore un plan, un système définitif, et rationnel, en même temps qu'il est une émanation de la justice exacte et immuable.

Quoi qu'il en soit, nos quatre contributions directes, qui sont la base de notre système fiscal, et composent théoriquement, comme en réalité, le seul véritable impôt que nous ayons, sont à des degrés divers, comme nous l'avons dit tout à l'heure, des applications de la doctrine économique que nous préconisons. Elles n'ont qu'un tort, c'est d'en être l'application incompréhensiblement incomplète.

Ainsi l'impôt foncier est assis sur le revenu net des propriétés, tant bâties que non bâties, et ce revenu se calcule sur le revenu net moyen d'un nombre déterminé d'années.

La contribution personnelle et mobilière, avec son double élément, — taxe personnelle, qui représente le prix de trois journées de travail, variant, comme valeur, de 0 fr. 50 à 1 fr. 50, et sa taxe mobilière, assise sur la valeur locative de l'habitation personnelle du contribuable, — est, dans une certaine mesure, une application timide de l'impôt frappant progressivement le revenu.

La contribution des portes et fenêtres, dont l'évaluation est faite par rapport à trois éléments : la population, le nombre des ouvertures et leur qualité, est proportionnelle pour le même lieu, mais progressive quant à la généralité des contribuables ; en outre elle atteint le revenu ou cherche à l'atteindre, en le frappant dans l'un de ses signes extérieurs les plus ordinaires, bien que ce signe ne soit pas absolument certain, et qu'il ne soit pas bon d'imposer la lumière au détriment de la santé.

La contribution des patentes, faite d'un droit fixe dépendant de la nature des opérations et de la population, faite aussi d'un droit proportionnel, assis sur la valeur des locaux destinés à l'exercice de la profession et en général du vingtième, cette contribution est encore une application détournée et commençante de l'impôt sur le revenu aussi progressif.

La loi de 1850, effaçant celle de 1844, pour revenir à celle de 1791, qui impose certaines professions libérales, comme celles des médecins, des avoués, des maîtres de pension, assujetties seulement au droit proportionnel du quinzième, constate et confirme, autant qu'il est en elle, quoique incomplètement, le principe posé au début de cette étude, à savoir que tout service susceptible de donner un revenu, donne en même temps matière imposable.

Le législateur a donc posé comme nous un principe juste, dont il a fait des applications fausses, parce qu'elles ne sont pas équitables, et qu'il n'ose pousser jusqu'au bout son principe pourtant si vrai, si frappant et si rationnel.

On peut donc, sans faire violence au principe, rechercher si les voies et moyens employés par le législateur pour toucher la richesse commerciale et industrielle ne sont pas à conserver en les améliorant.

Atteindre une chose par son signe probable, c'est l'atteindre quand même, bien que plus difficilement et sans rigueur absolue.

Mieux vaut que rien quelque chose de relativement juste, et d'une approximation suffisante.

—

Le système actuel des patentes peut suffire — remanié — à atteindre le revenu du commerçant.

Nous accepterions volontiers, pour le commerçant, comme suffisamment juste et conforme à notre principe, dans sa nature et ses conséquences, le système actuel des patentes, remanié dans le sens de l'équité.

Il est très vrai que la valeur locative de l'habitation et des locaux commerciaux indique d'une façon assez nette l'importance des affaires dont ils sont le lieu. Le crédit est la cheville ouvrière des affaires, le levier souverain qui soulève toutes les difficultés, aplanit tous les obstacles. Sans crédit, ni commerce, ni industrie. Le commerçant le sait bien, et, dès que le mouvement de ses affaires, et les bénéfices qu'il y a réalisés, le lui permettent, il a soin d'agrandir son local pour sa commodité, sans doute, mais aussi et surtout pour prendre dans l'échelle commerciale la part de réputation et de considération qui est pour lui le pivot indispensable de son commerce.

Donc, plus ses affaires prospèrent et s'élèvent comme chiffre et comme revenu, plus son local s'agrandit, se modifie ou se transforme, grâce précisément au revenu plus considérable dont elles sont susceptibles. Il est donc très raisonnable d'atteindre le revenu du commerçant par son caractère extérieur.

Mais ce revenu est-il assez frappé où l'est-il trop?

Qu'ici on retienne bien, une fois pour toutes, que, lorsque nous avons l'honneur de tenir la plume du publiciste, nous ne poursuivons aucun but particulier et égoïste; nous n'obéissons pas non plus à des rancunes ou à des haines de caste que nous ne comprenons pas, et qui frappent de stérilité entière, en les viciant dans leur source vive, les efforts que l'on peut faire vers le mieux, à défaut du bien parfait.

Nous n'avons, et nous n'aurons jamais en vue que la justice, qui est devenue depuis longtemps chez nous, une passion indomptable, parlant librement, parce qu'elle est sans peur et sans reproche.

Aussi, pour les points de repère qui nous sont indispensables afin de relier équitablement l'une à l'autre, dans un ensemble imposant, toutes les parties de notre système, irons-nous d'emblée à l'impôt le mieux assis, le plus certain et le plus important, nous voulons dire celui de la terre, et nous tirerons d'une comparaison constante, d'importantes conséquences, ramenant tout l'impôt à une commune mesure, celle de l'impôt de la terre, en tenant compte, cela va de soi, du degré de certitude du revenu frappé.

Il faut de toute nécessité rabaisser l'impôt foncier au niveau de tous les autres, ou les élever jusqu'à lui, et nous parlons, qu'on nous comprenne bien, de cette égalité qui réside non dans l'identité du chiffre, mais dans l'identité de sacrifice.

Ne serait-il pas possible, au point de vue délicat qui nous occupe, de faire une enquête suffisante pour savoir quelle est en général, la moyenne du revenu par rapport à la valeur locative de l'habitation commerciale? Ce revenu est-il égal à cette valeur? La dépasse-t-il ou lui est-il inférieur? Il est facile, pensons-nous, d'arriver pour cela à l'approximation désirable. D'autre part, un tel revenu est comme celui de la terre, un revenu flottant, et peut lui être assimilé comme gravité d'impôt. Le cultivateur, en outre, comme le commerçant, fait valoir son capital. Objectera-t-on que le commerçant, souvent, fait valoir un capital qui n'est pas le sien? C'est le cas, souvent aussi, du cultivateur.

Raisonnons ensuite une hypothèse. Si on était obligé, l'expérience dûment faite, de surimposer le commerçant, cela précipiterait, sans les faire ni les causer au fond, quelques ruines dans la période initiale; il est question ici, bien entendu, des situations tout à fait chancelantes, qu'un rien peut atteindre. Cela empêcherait de plus, au moment même de l'application de l'impôt, et pour plus tard, l'établissement de commerçants de peu de garantie. De toute manière, il en résulterait la limitation de la concurrence pour les commerçants solides, qui verraient s'agrandir le champ de leurs affaires et monter avec elles leurs profits. Ce rétrécissement de la concurrence serait-il dommageable au consommateur ? Nous ne le pensons pas. La concurrence est la règle obligatoire du travail ; mais elle est pernicieuse, trop ou trop peu intense ; elle est à redouter à ses deux points extrêmes. La concurrence trop restreinte endort et énerve le progrès ; déréglée, elle pousse au bon marché à outrance, aux qualités inférieures ou à la fraude.

Mais que deviendrait le commerçant dont on aurait empêché l'établissement, ou dont on aurait peut-être un peu avancé la chute, à son préjudice, mais à l'avantage des victimes qu'il n'aurait pu continuer de faire. ?

En vertu de la loi réelle du déplacement du travail, les commerçants atteints *ab ovo* chercheraient ailleurs un emploi utile de leurs forces, de leur activité et de leur capital. Ceux dont on aurait hâté la chute, au bénéfice légitime des commerçants plus robustes, se verraient contraints de s'inquiéter plus tôt de nouveaux moyens d'existence. La morale régit le commerce et l'industrie comme le reste, et commande impérieusement de ne pas compromettre avec légèreté de cœur, l'existence matérielle et quelquefois l'honneur des autres.

Enfin, lors même que le commerçant sortirait favorisé d'une loi nouvelle de finances, il serait, un peu plus tard, d'après notre système, atteint d'autant plus gravement qu'il aurait plus fait de profits d'affaires.

Il est réellement bien rare qu'un commerçant qui prospère, mette tout son avoir dans son commerce; en tout cas, quand il se retire des affaires, il réalise son fonds et fait des placements usuels; c'est là que l'impôt l'attend, s'il avait pu y échapper quelques années; c'est là que l'impôt progressif, qui est d'essence un impôt réparateur, affirme une fois de plus son rôle en faveur de la masse imposée.

Pour toutes ces considérations, tirées à différents points de vue de l'équité la plus stricte, nous maintiendrons donc, non pas comme atteignant adéquatement selon le terme usité en philosophie, mais comme étant susceptible d'atteindre suffisamment le revenu du commerçant, le système actuel de l'impôt des patentes, conforme au fond à notre principe général, et plus effectivement pratique que tout autre, en l'état actuel de la morale publique. Mais il faudrait au préalable, de toute nécessité, le vérifier, le rectifier sur une mesure naturelle, l'impôt de la terre, dont on peut faire un étalon nettement établi.

Des fonds d'Etat et des capitaux privés.

L'injustice est répandue sur nos lois de finances comme une vaste tache qu'il serait enfin temps de faire disparaître, — qu'on nous passe l'expression, — sous un bon lavage démocratique et républicain.

Avant de toucher à l'une des questions les plus délicates, et ne nous le dissimulons pas, des plus abstruses de l'impôt, nous voudrions, en quelques mots rapides, bien délimiter notre champ, et bien établir la situation, en en faisant à grands traits l'historique.

Lorsque la loi du 9 vendémiaire an VI, réduisant des deux tiers la dette française, qui se montait à 2 milliards 800 millions, pour n'en retenir que le tiers restant sous le nom de *tiers consolidé*, il s'était produit une grande dépréciation sur les fonds d'Etat, conséquence inévitable de la banqueroute de Law et de l'immense effondrement des assignats. Le souvenir de Law, en effet, était encore vivant, et les assignats ne furent annulés que le 30 pluviôse an IV.

Pour donner au système financier nouveau un peu de la faveur qui lui était nécessaire, et permette au gouvernement de faire face aux besoins de l'Etat, on entoura les titres émis de garanties à part, on leur fit une place exceptionnelle sur le marché de la monnaie et dans la concurrence de marchandises, car l'argent, disons-le bien vite, n'est qu'une marchandise comme une autre, régie elle aussi invariablement par la loi de l'offre et de la demande. On les déclara, ces titres, francs d'impôts et insaisissables. Le gouvernement procédait ou plutôt se donnait l'air de procéder comme l'auteur d'une entreprise industrielle ou commerciale sujette à caution, et qui veut attirer par des promesses alléchantes les capitaux qui le fuiraient, et qui, grâce à l'appât d'un gain extraordinaire, hésitants et balancants, se décident à risquer l'entreprise après avoir escompté leurs chances. Ce procédé, aux temps de trouble qui ont vu l'éclosion de notre dette nationale, avait sa raison d'être, qui était la raison d'Etat.

On ne la comprend plus aujourd'hui dans nos temps reposés où les fonds publics ont une réputation sérieuse et méritée, et où le crédit français, en particulier, n'a qu'à parler pour que des offres inouies viennent se faire au Trésor.

Ces fonds sont, en effet, de solidité telle, que l'Etat, sans danger pour son crédit, bien plus en le consolidant, a pu faire la conversion de 1852 et celle de 1883 ; que l'Angleterre, avant nous, ainsi que la Prusse et la Belgique même avait pu procéder de façon identique.

La conversion n'est possible qu'avec un

Trésor en bonne réputation, et tel Etat qui croit pouvoir y recourir, n'a pas besoin d'exciter, par une prime qui équivaut à un aveu de faiblesse, la confiance en ses propres fonds. Il en résulte que les immunités attachées aux fonds d'Etat, utiles peut-être et compréhensibles jadis, sont aujourd'hui non-seulement inutiles mais remplies de conséquences désastreuses et persistantes.

Examinons. De 1854 à 1870-1871, l'Etat a, huit fois consécutivement, fait appel au crédit public, et depuis, d'autres emprunts fort graves sont venus s'ajouter à ceux-là. Pour faire des placements avantageux, les gros propriétaires terriens ont réalisé leurs fonds, qui payaient un lourd impôt, et ont cherché dans les fonds publics, pour leurs capitaux, une situation plus lucrative. Aujourd'hui encore, que le taux abaissé de l'intérêt, par suite de la conversion, et pour d'autres causes encore, flotte autour de 4 pour cent, la position du capitaliste est toujours de beaucoup privilégiée, si on la rapporte à celle du propriétaire rural.

Le paysan, indifférent ou à peu près à la possession du sol qui ne lui appartenait pas dans les temps immédiatement antérieurs à la Révolution, s'est jeté avec convoitise sur la terre dès qu'une ère réparatrice lui en eut ouvert la possession, et l'on constatait avec un étonnement mêlé de stupeur, dans les commencements de l'Empire, qu'en moins de 10 ans, la terre, aux mains du paysan qui la travaillait désormais pour son compte, avait plus que doublé ses produits.

Le paysan français, mis en appétit, et passionnément attaché au sol, sa conquête, reçut avec transport les terres nouvelles qu'on lui offrait pour la première fois après la grande liquidation révolutionnaire. Il acheta sans mesure et sans prévoyance. C'est ainsi qu'aujourd'hui tel bien rural d'une valeur primitive et réelle de 20,000 francs ne donne guère, s'il le donne, qu'un revenu net de 400 francs acquittant plus de 60 francs d'impôts ; d'où il suit que ce capital engagé dans la terre ressort placé à 2 pour cent. De ce chiffre il faut encore déduire un lourd impôt de près de 15 pour cent, frappant le revenu net ; ce qui ramène ce revenu de 400 francs, soi-disant net, vers le taux de 1 fr. 70, alors que les fonds d'Etat, malgré le coup de la conversion, sont encore dons une situation si prospère que ce n'est pas tant que le cultivateur qui se débat dans une situatipn précaire et sans issue, contre des difficultés insurmontables, se voit encore obligé, pour essayer de sauver une situation qui s'aggrave, d'emprunter à gros intérêts et de payer 5 pour cent des sommes lui permettant de prolonger son agonie. Et cet argent usuraire, qu'il achète à grands frais, pas plus que les fonds d'Etat, n'est atteint par l'impôt. Il en résulte que les gros propriétaires, devenus pour beaucoup les gros capitalistes, vont retrouver par confiscation, saisie ou autrement, la terre qu'ils n'avaient plus avec l'argent qu'ils n'avaient pas.

Il faut de toute nécessité et de parti bien pris, ramener l'équilibre dans cette balance folle qu'on appelle : la distribution de l'impôt.

—

Conséquences désastreuses de l'impôt aggravé de la terre.

Arrêtons-nous à l'antagonisme créé entre le capital et la terre par le gouvernement impérial plus qu'aucun autre. L'agriculteur est pris, comme dans un étau, entre la dette contractée par lui imprévoyamment, et l'impôt lourd qui le frappe en même temps que la concurrence étrangère déchaînée contre lui depuis 1860 par les traités de commerce, nouvel élément de ruine agricole. Il se débat dans un râle économique qui aura pour le corps social français, et qui a déjà les conséquences les plus certainement funestes. C'est, avons-nous dit, la franchise d'impôt dont on a revêtu l'argent en face de la terre lourdement grevée, qui fut le germe initial de la décadence agricole. Les emprunts d'Etat dont la France a, depuis l'Empire, pris la fatale habitude, après avoir subi la grande nécessité de 1880-71, ces emprunts, par la prime d'intérêts offerte au capitaliste, ont drainé l'argent des campagnes, et laissé les agriculteurs à la merci des hommes d'argent; ceux-ci, en effet, ont jusqu'à présent maintenu pour lui, à son détriment, le taux légal aujourd'hui véritablement usuraire de 6 pour cent. Ajoutons que le capital numéraire se transmet d'une main à l'autre à peu près sans entraves, alors que le capital foncier, excepté les biens dits de mainmorte, est assujetti à de graves droits de mutation; c'est ainsi que les frais de vente avec les frais accessoires s'élèvent au moins pour les fonds bâtis ou non, au chiffre approximatif de 10 pour cent du prix d'aliénation.

Et ce sont ces raisons avec lesquelles la justice n'a rien à voir, qui font que la masse rurale prend en dégoût les champs et les déserte. Elle encombre les administrations, et le fonctionnarisme, que le gouvernement, espérons-le, finira bien par réprimer et par restreindre dans de justes proportions, semble devenir un véritable fléau économique. Tout le monde hors de l'armée veut avoir un peu de galon et de chamarrure, et c'est le cas de répéter avec Paul-Louis Courier son mot tristement vrai : En France tout le monde sert ou veut servir.

La fuite des champs amène aussi dans les villes l'encombrement des situations moyennes, et déchaîne parmi elles une concurrence effrénée, qui sévit d'une façon néfaste, et mène à des catastrophes positives et redoutables.

De cette façon, la population urbaine s'appauvrit en même temps que la population rurale; l'une encombre l'autre en fait, alors qu'elles devraient, en théorie exacte, se servir mutuellement de débouché; et non-seulement l'une encombre l'autre, mais elle lui achète moins, parce que ses ressources deviennent chaque jour moins considérables avec des besoins que fouette un luxe à outrance. Les champs appauvris pour des causes multiples, achètent moins aux villes, dont le rôle économique est surtout de distribuer la richesse, et les champs, à leur tour, voient tarir en partie leur débouché urbain.

L'agriculture, atteinte par l'impôt, par le capital exonéré de redevances publiques, par les emprunts d'Etat, et un militarisme nécessaire, atteinte même par l'inique mainmorte, est encore menacée, le croirait-on, par notre expansion coloniale, pourtant indispensable.

Une colonie n'est bonne qu'à la condition d'être rapprochée de la métropole, et d'avoir des besoins contraires aux siens. Le Tonkin, qui n'a pas la proximité, a pour lui la vérité économique ; la Tunisie, qui a pour elle la proximité et, raison suprême, le salut national dans l'avenir à travers les siècles, a contre elle la vérité économique. Les blés et les vins de Tunisie et d'Algérie seront bientôt pour nos agriculteurs des concurrents redoutables.

Or, dans l'état de guerre où l'humanité sera plongée longtemps encore, si elle ne l'est pas toujours, car, si nous croyons au progrès, c'est au progrès « en spirale », si ingénieusement trouvé par Gœthe, — l'indépendance économique, au moins pour les besoins essentiels, restera, qu'on le croie ou non, une des conditions vitales de l'indépendance de notre pays.

On ne se passera jamais de la terre chez nous, et personne n'aura raison contre Sully; l'agriculture restera, parce que c'est là son rôle, la mamelle vivifiante et fécondante où s'abreuve la France. Il faut donc lui rendre la vie au nom du salut national, en se conformant aux principes les plus élémentaires de la plus stricte justice, il faut ramener, pour commencer, entre la terre et le capital, l'égalité d'impôt, qui ne réside pas dans l'identité du chiffre, puisque le capital, au point de vue qui nous occupe, est d'un revenu certain sans mise en œuvre coûteuse, et que dès lors il doit, loin de rester indemne, être atteint plus grièvement.

—

Des moyens d'atteindre le capital et conséquences probables.

—

Des prêts particuliers

Voilà le principe une fois admis d'un impôt atteignant les fonds d'Etat parce que l'équité le veut, et qu'il n'est plus besoin, étant donnée la confiance dont ils sont entourés, d'attirer à eux le capital en l'alléchant par une prime; que, du reste, l'insaisissabilité qui pourrait leur rester comme privilège survivant, suffirait encore au-delà pour leur valoir une considération à part.

On objectera peut-être que, par la conversion, les fonds d'Etat sont frappés d'un impôt réel, quelquefois grave et brutal. Soit. Mais, en tant que principe d'impôt, la conversion est radicalement mauvaise, parce qu'avant tout, l'impôt doit être défini quant à sa quotité et quant au moment de sa perception.

C'est pour n'avoir pas répondu à cette double condition que l'impôt de l'ancien régime stérilisait dans sa source le travail de la terre et la production elle-même. Le paysan français, taillable et corvéable à merci, selon la volonté arbitraire de son maître et seigneur, n'apportait à son travail au lieu de l'entrain et de la persévérance qu'il y met maintenant, que mollesse et inébranlable inertie; il n'était pas sûr d'en conserver une portion nettement déterminée ; en augmentant le produit de la terre, il ne faisait guère que stimuler la rapacité de son seigneur, et il se disait avec raison, ce nous semble, que mieux valait se reposer que de travailler pour les autres. C'est pour des raisons analogues que dans certains pays de domination turque, de vastes espaces, jadis florissants, restent incultes ou autant vaut ; c'est toujours pour la même raison que la Tunisie, l'ancien grenier de Rome, redevenue ensuite par le malheur et à la suite des temps une misérable proie arabe, se relève et refleurit maintenant comme par enchantement sous la domination française. Le cultivateur y est sûr de n'acquitter désormais qu'une fois l'impôt, nettement déterminé quant à son montant et à son mode de perception.

La conversion, de date arbitraire, qui n'est qu'un mode particulier de remboursement permis à l'Etat comme à tout débiteur, ne saurait donc valoir comme impôt.

Une seule chose serait à redouter et encore cette éventualité est-elle improbable. Les fonds d'Etat, par l'impôt qu'ils porteraient, subiraient-ils une dépréciation capable de rabaisser le cours au-dessous du pair ? Nous ne le pensons pas, d'autant plus qu'un impôt parallèle frapperait les prêts ordinaires d'argent.

On reconnaît sans discussion que le service de l'impôt des fonds d'Etat se ferait avec une extrême facilité, puisqu'il peut s'effectuer sous la forme d'une simple retenue faite au moment où l'on paie le coupon.

On a cru plus généralement et c'est là pensons-nous, une croyance calculée de la part d'intéressés qui ne le disent pas, on a cru que l'argent frappé se déroberait facilement au fisc qui devrait se lancer à sa recherche ; cette hypothèse est gratuite. Rien n'est plus facile sans vexation aucune, sans augmentation de personnel d'aucune sorte, d'arrêter court et de supprimer la fraude. Le procédé est simple.

N'admettez, pour prouver le prêt d'argent, ni la preuve testimoniale ni la preuve écrite ; déclarez caduc et de nul effet tout prêt dont l'acte écrit qui l'établit, n'aura pas été enregistré en bonne et due forme. Ou je me trompe fort, ou tous les créanciers s'empresseront de se mettre en règle avec le Trésor, et d'offrir eux-mêmes à l'impôt, bien qu'à regret peut-être, les sommes confiées par eux à d'autres mains ; quand ils n'auront plus pour sécurité que l'unique bonne foi de celui qui emprunte contre la loi, et en mauvais citoyen, ils n'hésiteront pas, ils feront plutôt deux fois qu'une la déclaration nécessaire. N'est-il pas vrai ?

—

Conséquences d'un impôt sur les fonds d'Etat.

Parlez d'imposer les fonds d'Etat français, tous les intéressés de se récrier et de dire pour le persuader et le faire craindre : Vous allez faire émigrer l'argent de la France, et porter à l'étranger nos richesses nationales.

Nous ne le pensons pas, bien que nous ne comptions que médiocrement sur le patriotisme de certains hommes d'argent qui feraient sans crainte pièce au pays pour satisfaire des rancunes politiques, et bien que l'esprit civique ne fasse presque que de naître après une longue et douloureuse gestation.

Nous ne sommes pas de ceux qui voient tout en beau dans la nature humaine, pas plus que de ceux qui la défigurent de parti pris. Nous croyons que, dans la plupart des cas, le bien n'est que relatif, et qu'il faut savoir s'en contenter, heureux encore de le rencontrer ! Des gens que l'on croit honnêtes, et qui le croient peut-être eux-mêmes, se feraient scrupule de prendre un sou dans la poche de leur voisin, et prendraient sans broncher des millions à l'Etat. C'est que la notion sociale, en même temps que la notion morale, n'est pas encore suffisamment développée chez tous, et nous estimons que de longtemps encore on verra de prétendus citoyens qui ne trouvent dans les malheurs de la Patrie qu'une occasion de faire fortune, et dans la fraude un moyen sinon légitime, au moins souffert par la conscience publique oblitérée, de s'enrichir aux dépens des autres.

Quant à nous, il nous semble que le sort d'un citoyen devrait être lié, pour sa personne et ses biens, à celui de son pays, comme celui de l'officier l'est à celui de son navire, quand, sur la mer houleuse, garrotté à son banc de quart, il s'abîme avec lui dans les flots, ou reparaît victorieux et triomphant sur la mer domptée.

Mais quittons cette note sentimentale un peu triste, qui en ferait sourire quelques-uns peut-être, pour rentrer dans les affaires ; les affaires, elles, n'ont pas d'entrailles; elles ne connaissent que la voix de l'intérêt, qui, bien entendu, se confond quelquefois pourtant avec la dignité. Perdues parmi les laideurs humaines, il y a des choses dont l'aspect est consolant, et l'on ne saurait nier que l'humanité, en somme, n'ait fait un progrès considérable au point de vue de l'élévation morale.

La prévoyance, qui regarde déjà l'avenir dans le présent, et le sauvegarde par l'épargne, a fait naître le désir effectif d'accumulation. Cette énergie, qui mène à l'aisance ou à la richesse, ne saurait naître, ou, une fois née, tomberait bien vite sans la sécurité sociale qui assure à chacun le fruit paisible de son travail.

C'est ainsi qu'aux temps désolés du moyen âge, où la peste et la guerre, à défaut du brigandage, ne laissaient jamais la veille sûre du lendemain, on consommait improductivement sans souci de l'avenir. Des saturnales inouïes, à faire envie aux jours les plus corrompus de Rome et de la Grèce, marquèrent la peste de Florence. Le soldat qui dispute chaque jour sa vie à l'ennemi, perd complètement la notion d'épargne, et le marin, qui est le plus exposé de tous, est aussi, de tous, le moins prévoyant.

Sécurité sociale et désir d'accumulation, voilà les deux éléments de progrès, les deux rouages de la richesse.

Ajoutez-y le progrès mécanique, que la science accélère chaque jour, et vous aurez le troisième grand facteur de la puissance économique.

Mais, cette accumulation incessante de capitaux, et cette production scientifique à outrance, compliquée d'éléments étrangers introduits par les traités de commerce, doivent forcément mener à un état de surabondance, d'encombrement, de pléthore, de surproduction, en un mot, qui est le nôtre.

Que se passe-t-il alors?

Il y a, d'une part, surabondance de capitaux et, d'autre part, surabondance de produits; il y a ce qu'on appelle une crise commerciale. Les produits cherchent des débouchés à l'extérieur, et s'ils sont assez habiles et assez heureux pour en trouver, la production continue son mouvement ascendant jusqu'à ce qu'enfin, de nouveau, le marché soit inondé, et que la situation redevienne ce qu'elle était auparavant, c'est-à-dire la crise.

Alors il y a des engloutissements de capitaux ou plutôt des disparitions, des déplacements au profit de quelques-uns. Il y a des ruines particulières, mais la somme générale des richesses reste la même, à ceci près, que le bénéfice de la crise est acquis à l'étranger, qui a envoyé ses produits et se les est fait payer.

En ce qui concerne plus spécialement le capital numéraire, il y a diminution d'intérêt; le taux d'intérêt gravite incessamment vers le point minimum où l'homme sent fléchir en lui le désir d'épargne sous l'inutilité relative du sacrifice.

Pour la même raison, à mesure que l'intérêt décroît, les consommations improductives augmentent nécessairement, et une partie du capital économique s'en va par cette issue. En outre, ceux qui détiennent les capitaux, pour sauver leur situation, en font en général deux parts; l'une est consacrée aux placements qui sont, comme on dit, de tout repos; l'autre part est distraite de son emploi naturel, ce qui déjà relève le taux normal et, diminuant la concurrence des capitaux, s'en va tenter les aventures.

C'est le moment des grandes compagnies et celui des grandes entreprises extérieures, le moment où Suez et Panama se creusent, grâce à la surabondante affluence des capitaux. Cette portion aventureuse du capital recherche les gros intérêts, qui s'accroissent avec le risque couru, tandis que l'autre, et ce sera toujours, à beaucoup près, la plus considérable, recherche avant tout la sécurité, se contentant en Angleterre, il y a longtemps déjà, du taux approximatif de 3 pour cent, et même parfois d'un revenu moindre. En Hollande, au siècle dernier, le taux de l'intérêt était de 2 pour cent seulement.

C'est là la loi inexorable de tous les capitaux ; on aurait beau imposer les fonds d'Etat on n'y changerait rien.

A peine ferait-on faire aux capitaux un pas vers le minimum d'intérêt, qui n'est jamais qu'un état de transition suivi, toujours, et bientôt, d'un relèvement, grâce aux crises elles-mêmes, dont nous venons d'établir le mécanisme.

Les capitaux français, même ceux qui sont politiquement les moins bien disposés, — car il y a des capitaux politiques, — ne chercheront pas plus qu'ils ne le font aujourd'hui un emploi en Italie, pays financièrement et politiquement mal assis, parce qu'il est pauvre et, de toutes parts, au nord et au sud, contenu par des forces pour lui indomptables, qu'il est forcé de subir en dépit de je ne sais quelles alliances dont il se targue trop ; ils n'iront pas plus qu'aujourd'hui en Espagne, autre pays dont la situation serait à peine meilleure, si une simple question de longitude et de latitude ne le dérobait plus qu'un autre aux chances de guerre ; ils n'afflueront pas plus vers l'Angleterre, dont les fonds sont recherchés malgré la modicité du revenu qu'ils donnent, à cause même de la sécurité dont on les croit très sûrs.

Que si les capitaux français, pour une cause ou pour une autre, inondaient l'Angleterre, pour prendre un exemple, il se produirait bientôt chez nos voisins une telle dépression d'intérêt, qu'ils toucheraient à ce point extrême, ce minimum redouté où meurt et finit l'épargne.

Alors, nos capitaux émigrés, par un jeu naturel, reflueraient vers leur source pour y rester longtemps, fût-ce malgré eux.

En résumé, à part quelques capitaux boudeurs, qui ne forment qu'une infime minorité, à part encore des capitaux timorés assez nombreux qui, pour des motifs de pure politique étrangère, prennent poltronnement la fuite, les capitaux, excellents juges de la situation, suivent, avec inconscience ou non, une loi économique véritablement inexorable.

CONCLUSION

Resserrons, pour la présenter en finissant dans ses traits essentiels, notre théorie générale sur l'impôt.

L'impôt est la grande charge sociale de chaque citoyen ; c'est, avons-nous dit, la prime d'assurances où s'alimente cette grande assurance mutuelle qu'on appelle la Société.

Il se décompose en deux parts : une part fondamentale au point d'être presque la seule et de presque éliminer l'autre, c'est-à-dire l'impôt du sang, obligatoire pour tous sans aucune exception, et l'impôt pécuniaire proprement dit.

Celui-ci se décompose à son tour : il est proportionnel jusqu'à la fortune moyenne de chaque citoyen, et progressif au delà, avec des degrés divers d'intensité.

L'impôt progressif est un dédommagement légitime et rigoureux dû par celui qui possède plus que la part moyenne protégée, à celui qui a exactement, ou qui a moins que cette part.

Le pauvre protège de son sang, plus qu'il n'y est obligé, le riche pour la portion de ses biens qui excèdent la moyenne ; et, comme on ne saurait admettre l'identité des deux impôts, il faut que le riche rentre dans l'égalité civique par l'impôt progressif, qui devient un agent d'amélioration sociale.

Cette base de l'impôt progressif est inébranlable et scientifiquement sûre.

L'impôt progressif s'applique, non au capital, ce qui reviendrait, après tout, au même dans la plupart des cas, mais au revenu, qui est le capital en mouvement, l'effet par où il se produit au dehors, et donne la mesure exacte de sa valeur.

*
* *

Tout effort qui se traduit par une utilité réalisée, par un service rendu, susceptible d'être monnayé, est un véritable capital portant le revenu imposable.

Nous élargissons rationnellement, comme on le voit, la base actuellement trop étroite d'un impôt partial et inéquitable.

Néanmoins, dans l'intérêt même de la société, par en haut et par en bas, nous affranchirons de l'impôt le capital scientifique et artistique, et, au moins pour celui qui porte son travail chez les autres, ce que nous appellerons le capital ouvrier.

Nous demandons, au nom de la justice, avec Gambetta, une loi nouvelle et préalable sur les pensions civiles, et ensuite un impôt, progressif si le chiffre y donne lieu, pour tous les appointements ou traitements dépassant la moyenne, afin de frapper celui qui ne travaille plus uniquement pour vivre.

* *
*

Après l'examen de plusieurs systèmes que nous repoussons, parce qu'ils sont vexatoires ou de pratique difficile, tels que la déclaration personnelle du commerçant pour le chiffre de son revenu, ou la vérification de ses livres, nous maintenons, en le rectifiaut et en l'améliorant, le système actuel de l'impôt des patentes.

Il est, comme les quatre contributions, d'ailleurs, une application timorée de l'impôt sur le revenu et de l'impôt progressif, dont le principe est déjà dans nos lois, bien que d'une façon presque inconsciente et insensible.

Nous demandons encore d'une manière générale, qu'on ramène tout impôt, celui des patentes comme d'autres, à une mesure commune, à un étalon certain, celui de la terre, et qu'on le mette en équilibre avec cet impôt, en se servant pour ce rapport d'une échelle des revenus.

Nous établissons, en effet, deux catégories de revenus : les revenus fermes, c'est-à-dire absolument sûrs, et les revenus dits aléatoires.

Nous avons ainsi un tarif de solidité.

*
* *

Nous demandons plus loin l'impôt pour tous les prêts d'argent, n'estimant pas sérieuse l'objection tirée de la soi-disant impossibilité de les atteindre.

L'enregistrement obligatoire, admis comme seule preuve du prêt, suffirait et au delà pour empêcher la fraude ; ce serait peut-être l'impôt le plus sincère et le mieux rentrant.

Nous demandons aussi, pour finir, l'impôt sur les fonds d'Etat. Nous faisons l'historique de la question ; nous examinons au point de vue économique le jeu des capitaux, dans les situations diverses où ils peuvent se trouver engagés, crises commerciales, surproduction, et nous prouvons, croyons-nous, science en main, que le crédit de l'Etat ne serait pas ébranlé par l'impôt, loin de là, qu'il en serait fortifié peut-être, et qu'il n'y aurait pas à redouter le moins du monde l'émigration au profit de l'étranger.

* *
*

Nous tirons, en outre, de notre système, sans parler des applications de justice auxquelles nous sommes ici, plus qu'ailleurs, énergiquement dévoués, d'importantes conséquences au point de vue de la terre et de la crise agricole en relation avec la crise commerciale, qui ne sont qu'un double aspect de la même chose.

Le capital, pour ne pas payer l'impôt, s'est égoïstement sauvé des champs écrasés ; il faut l'y ramener par une loi équitable, et des temps nouveaux de prospérité refleuriront pour l'agriculture.

Du même coup, et comme conséquence inévitable, on ramènera aux champs la masse rurale qui s'en éloigne et vient étouffer, dans les villes, par une concurrence sans bornes, la classe commerçante et industrielle moyenne chargée plus qu'une autre de la distribution de la richesse.

L'aisance aux champs c'est, en même temps, l'aisance chez l'ouvrier et l'aisance à la ville, puisque la population urbaine et la population rurale se servent mutuellement de débouché ; l'une ne souffre pas sans que l'autre en ressente le contre-coup pénible.

L'organisme social est un organisme d'une délicatesse extrême, dont toutes les parties sont étroitement sympathiques et mutuellement responsables, et l'ouvrier, qui en forme comme les articulations, en éprouve profondément les phases diverses, rachitisme ou pléthore, santé ou maladie ; c'est toujours la vieille et banale, mais véridique histoire, des membres et de l'estomac.

Introduire notre système, ce serait assurément faire œuvre hardie et neuve. Mais la vieille terre des Gaules est toujours, et sera longtemps encore la terre classique du bon sens robuste et sain ; on n'y a pas peur de la justice comme les chauves-souris de la lumière, et ce n'est pas en vain que s'est levée sur elle, la magnifique aurore humaine de 1789.

Qu'importe que des richesses humiliées dans leur rôle s'en aillent, émigrés nouveaux, chercher à un chiffre monstrueux les finances ennemies de l'Italie, qui se consument dans le marasme ; elles font de la place aux autres ; avec une loi nouvelle, pas un liard de plus ne quittera nos coffres ; aussi crions-nous à nos députés :

Osez donc ! mais osez donc !

Breurey-les-Faverney, le 9 avril 1888.

ERRATA

Il faut lire :

A la page 38, commencement du second alinéa : *Pour entasser ;*

A la page 52, 14me ligne : *réduisit ;*

A la page 55, 7me et 8me lignes en remontant : *sont encore dans une situation si prospère; et le cultivateur, qui.*

TABLE

Gray. — Imprimerie A.-F. Perrot.

www.ingramcontent.com/pod-product-compliance
Ingram Content Group UK Ltd.
Pitfield, Milton Keynes, MK11 3LW, UK
UKHW021220230726
13926UKWH00003B/1130

9 782014 062137